AF188043

Impressum
Verlag: BABADADA GmbH, Nedderfeld 112 , 22529 Hamburg
Geschäftsführer / Verlagsleitung: Harald Hof
Druck: Books on Demand GmbH, In de Tarpen 42, 22848 Norderstedt

Imprint
Publisher: BABADADA GmbH, Nedderfeld 112 , 22529 Hamburg, Germany
Managing Director / Publishing direction: Harald Hof
Print: Books on Demand GmbH, In de Tarpen 42, 22848 Norderstedt, Germany

Szkoła

المدرسة

Sala lekcyjna
القسم

dzielić
يقسم

186/2

Tablica
اللوح

Dziedziniec szkolny
باحة المدرسة

Nauczyciel
المعلم

Papier
ورقة

pisać
يكتب

Pisak
القلم

Biurko
طاولة المكتب

Liniał
المسطرة

Książka
الكتاب

Uczeń
التلميذ

Plecak szkolny

الحقيبة المدرسية

Piórnik

المقلمة

Ołówek

قلم الرصاص

Temperówka

البرّاية

Gumka do mazania

المِمحاة

Blok rysunkowy

دفتر الرسم

Rysunek

الرسمة

Pędzel

الفرشاة

Pudełko z akwarelami

علبة التلوين

Nożyce

المقص

Klej

المادة اللاصقة

Książka do ćwiczenia

دفتر التمارين

Zadanie domowe

الواجب المدرسي

12

Liczba

الرقم

2+2

dodawać

يجمع

5-2

odejmować

يطرح

2×2

mnożyć

يضرب

liczyć

يحسب

A

Litera

الحرف

ABCDEFG HIJKLMN OPQRSTU VWXYZ

Alfabet

الأبجدية

hello

Słowo

كلمة

Tekst

النص

czytać

يقرأ

Kreda

الطبشور

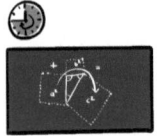

Godzina

الحصة

Dziennik lekcyjny

دفتر الدوام المدرسي

Egzamin

الامتحان

Świadectwo

شهادة

Mundurek szkolny

اللباس المدرسي

Wykształcenie

التعليم

Leksykon

الموسوعة

Uniwersytet

الجامعة

Mikroskop

المجهر

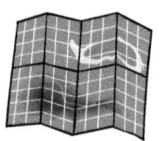

Mapa

الخريطة

Kosz na odpadki

قماما

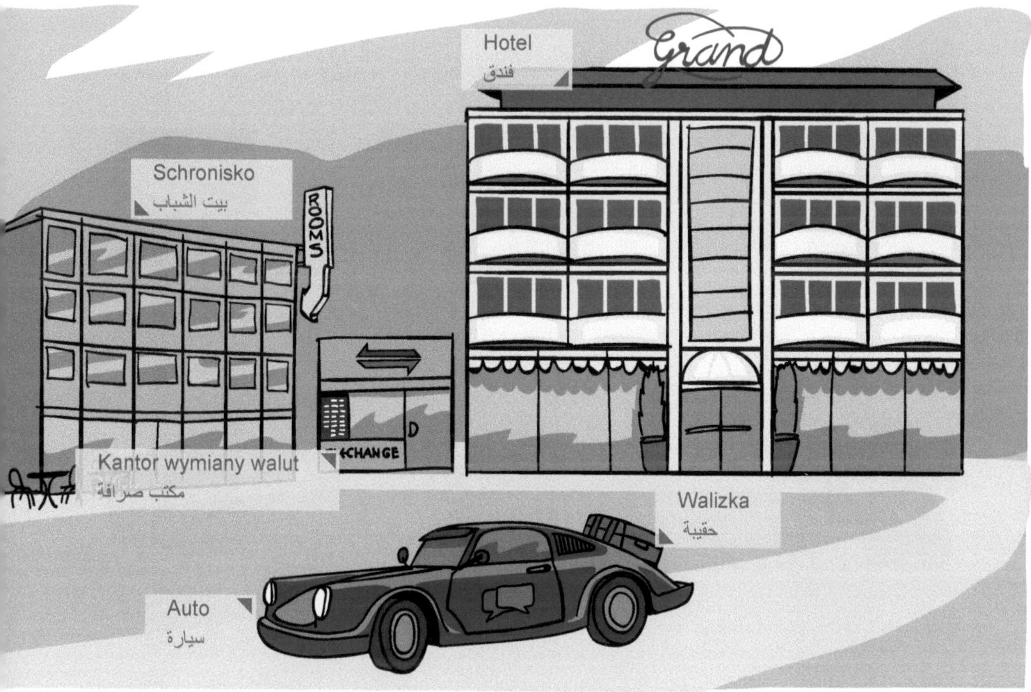

Hotel
فندق

Schronisko
بيت الشباب

ROOMS

Kantor wymiany walut
مكتب صرافة

EXCHANGE

Walizka
حقيبة

Auto
سيارة

Język
اللغة

tak / nie
نعم / لا

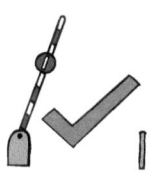

OK
حسناً

Halo
مرحباً

Tłumacz
مترجم

Dziękuję
شكراً

Ile kosztuje ...?

كم ثمن ... ؟

Nie rozumiem

لا أفهم

Problem

مشكلة

Dobry wieczór!

مساء الخير

Dzień dobry!

صباح الخير!

Dobranoc!

ليلة سعيدة

Do widzenia

إلى اللقاء

Kierunek

اتجاه

Bagaż

أمتعة السفر

Torba

حقيبة

Plecak

حقيبة ظهر

Gość

ضيف

Pokój

غرفة

Śpiwór

كيس للنوم

Namiot

خيمة

Informacja turystyczna

استعلامات سياحية

Plaża

شاطئ

Karta kredytowa

بطاقة ائتمان

Śniadanie

إفطار

Obiad

طعام الغداء

Kolacja

العشاء

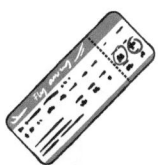

Bilet

بطاقة سفر

Winda

مصعد

Znaczek na list

طابع بريدي

Granica

حدود

Cło

الجمارك

Ambasada

سفارة

Wiza

تأشيرة

Paszport

جواز سفر

Transport

نقل

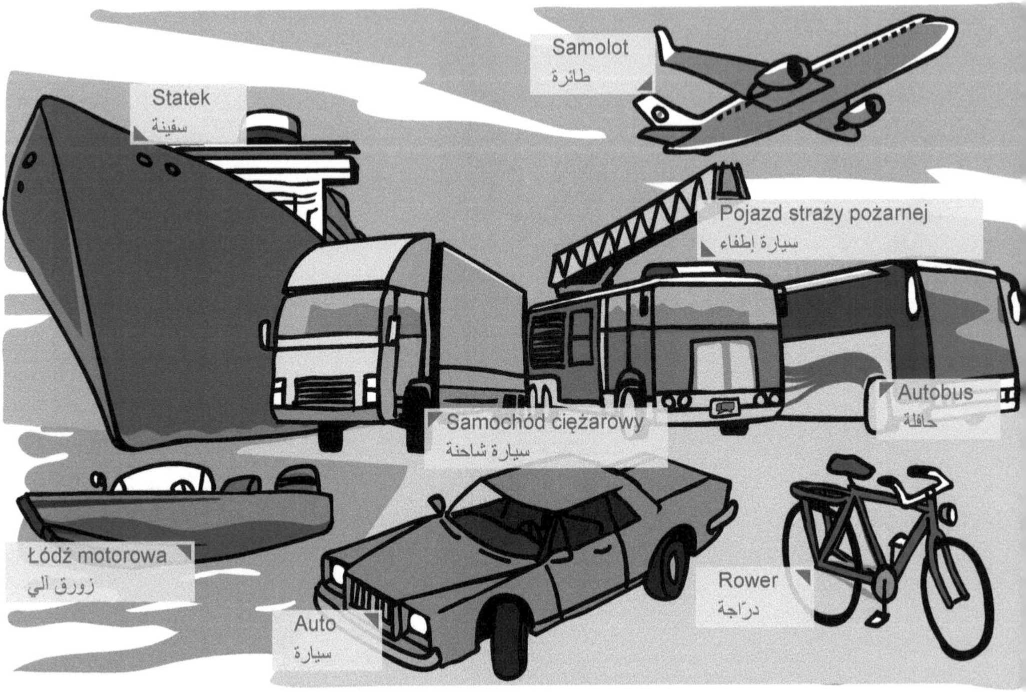

Samolot
طائرة
Statek
سفينة
Pojazd straży pożarnej
سيارة إطفاء
Autobus
حافلة
Samochód ciężarowy
سيارة شاحنة
Łódź motorowa
زورق آلي
Rower
درّاجة
Auto
سيارة

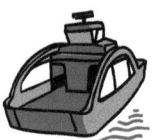

Prom

عبارة

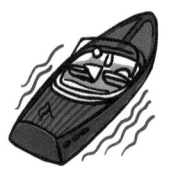

Łódź

قارب

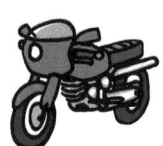

Motocykl

دراجة نارية

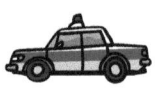

Radiowóz policyjny

سيارة شرطة

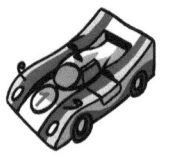

Samochód wyścigowy

سيارة سباق

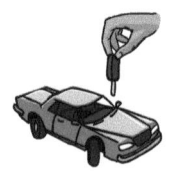

Samochód wypożyczony

سيارة مستأجرة

Wspólne przejazdy samochodem

أسلوب تشاركي في استئجار السيارات

Samochód pomocy drogowej

سيارة للجر

Śmieciarka

سيارة نقل القمامة

Silnik

محرك

Benzyna

وقود

Stacja benzynowa

محطة وقود

Znak drogowy

إشارة مرور

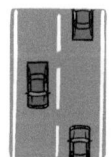

Ruch

حركة السير

Korek

ازدحام سير

Parking

موقف سيارات

Dworzec

محطة قطار

Szyny

سكك حديدية

Pociąg

قطار

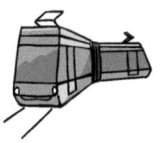

Tramwaj

ترام

Wagon

عربة قطار

Helikopter

طائرة مروحية

Lotnisko

مطار

Wieża

برج

Pasażer

مسافر

Kontener

حاوية

Karton

علبة كرتون

Taczka

عربة يد

Kosz

سلّة

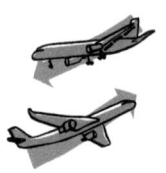

startować / lądować

يقلع / يهبط

Miasto

مدينة

Wieś

قرية

Centrum miasta

مركز المدينة

Dom

بيت

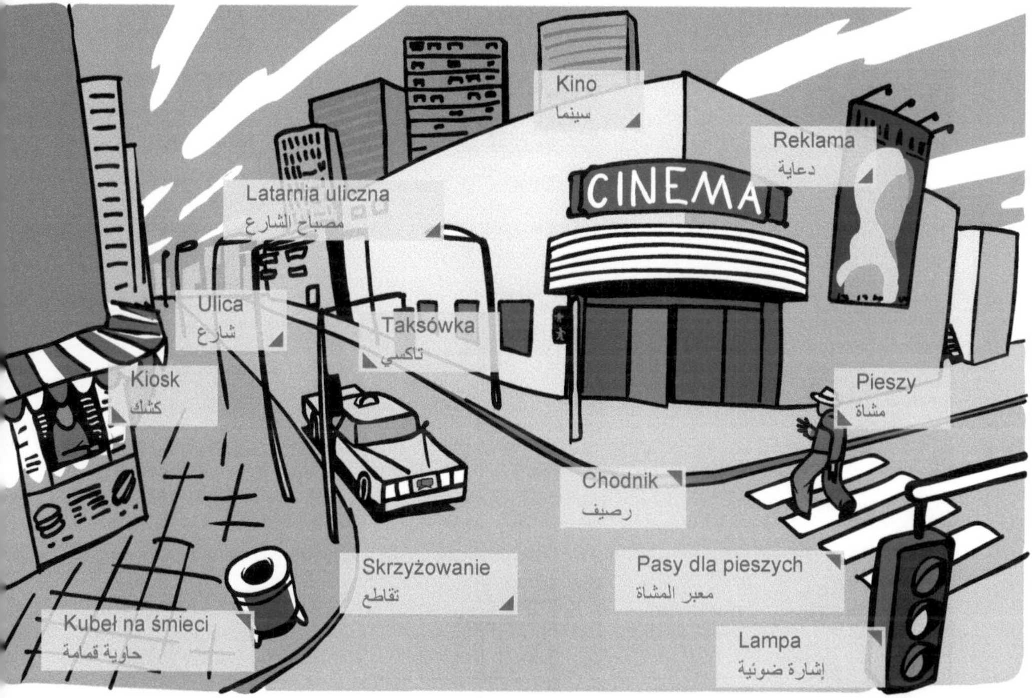

Kino — سينما

Reklama — دعاية

Latarnia uliczna — مصباح الشارع

Ulica — شارع

Taksówka — تاكسي

Kiosk — كشك

Pieszy — مشاة

Chodnik — رصيف

Skrzyżowanie — تقاطع

Pasy dla pieszych — معبر المشاة

Kubeł na śmieci — حاوية قمامة

Lampa — إشارة ضوئية

CINEMA

Chata
كوخ

Mieszkanie
شقة

Dworzec
محطة قطار

Ratusz
دار البلدية

Muzeum
متحف

Szkoła
المدرسة

Uniwersytet

الجامعة

Bank

مصرف

Szpital

المستشفى

Hotel

فندق

Apteka

صيدلية

Biuro

مكتب

Księgarnia

مكتبة

Sklep

متجر

Kwiaciarnia

محل لبيع الزهور

Supermarket

سوبرماركت

Rynek

سوق

Dom towarowy

متجر كبير

Sklep z rybami

تاجر السمك

Centrum handlowe

مركز تسوّق

Port

ميناء

Park

حديقة عامة

Ławka

مقعد

Most

جسر

Schody

درج، سلم

Metro

مترو

Tunel

نفق

Przystanek autobusowy

موقف حافلات

Bar

بار

Restauracja

مطعم

Skrzynka na listy

صندوق البريد

Tabliczka z nazwą ulicy

لافتة باسم الشارع

Parkometr

مقياس زمن الوقوف

Zoo

حديقة حيوانات

Łaźnia

مسبح

Meczet

مسجد

Gospodarstwo chłopskie

مزرعة

Zanieczyszczenie środowiska

تلوث البيئة

Cmentarz

مقبرة

Kościół

كنيسة

Plac zabaw

ملعب الأطفال

Świątynia

معبد

Krajobraz

طبيعة ريفية

Liść
ورقة

Drogowskaz
علامة إرشاد

Droga
طريق

Łąka
مرج

Kamień
حجر

Drzewo
شجرة

Wędrowiec
رحالة

Rzeka
نهر

Trawa
عشب

Kwiat
زهرة

Dolina

وادٍ

Góra

جبل

Jezioro

بحيرة

Las

غابة

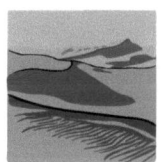

Pustynia

صحراء

Wulkan

بركان

Zamek

قلعة

Tęcza

قوس قزح

Grzyb

فطر

Palma

نخلة

Komar

بعوض

Mucha

ذبابة

Mrówka

نملة

Pszczoła

نحلة

Pająk

عنكبوت

Chrząszcz

خنفساء

Żaba

ضفدعة

Wiewiórka

سنجاب

Jeż

قنفذ

Zając

أرنب

Sowa

بومة

Ptak

عصفور

Łabędź

بجعة

Dzik

خنزير بري

Jeleń

غزال

Łoś

إلكة

Tama

سد

Wiatrak

دولاب الطاحونة الهوائية

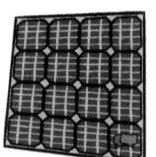

Moduł solarny

خلية شمسية

Klimat

مناخ

Restauracja

مطعم

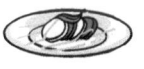

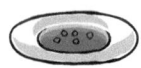

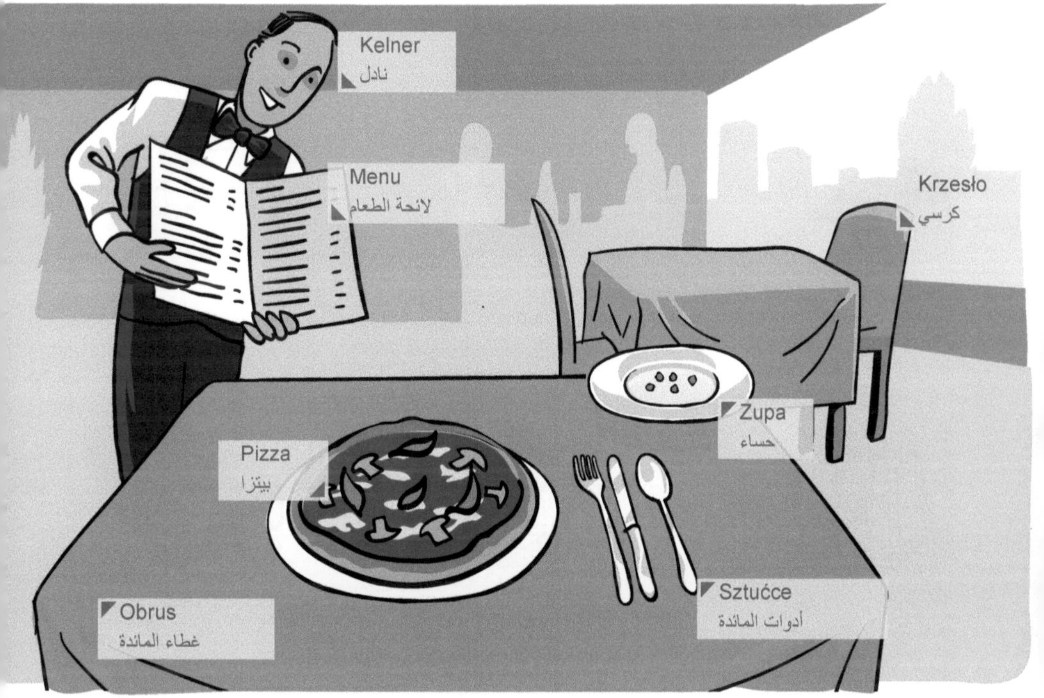

Kelner
نادل
Menu
لائحة الطعام
Krzesło
كرسي
Zupa
حساء
Pizza
بيتزا
Sztućce
أدوات المائدة
Obrus
غطاء المائدة

Przystawka
....
مقبلات

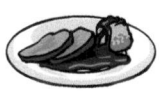

Danie główne
....
الصحن الرئيسي

Deser
....
حلوى أو فاكهة بعد الطعام

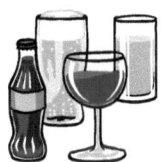

Napoje
....
مشروبات

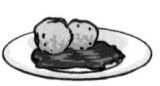

Jedzenie
....
طعام

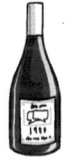

Butelka
....
زجاجة

Fastfood

وجبات سريعة

Streetfood

طعام الشارع

Dzbanek na herbatę

إبريق الشاي

Cukierniczka

علبة السكر

Porcja

حصّة

Zaparzarka do espresso

آلة الإسبريسو

Krzesło dla dziecka

كرسي عالٍ

Rachunek

فاتورة

Taca

صينية

Noż

سكين

Widelec

شوكة

Łyżka

ملعقة

Łyżeczka

ملعقة الشاي

Serwetka

منديل المائدة

Szklanka

كأس

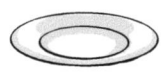

Talerz

صحن

Talerz do zupy

صحن الحساء

Podstawek pod filiżankę

صحن الفنجان

Sos

صلصة

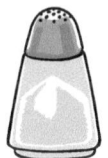

Solniczka

مملحة

Młynek do pieprzu

مطحنة الفلفل

Ocet

خلّ

Olej

زيت الطعام

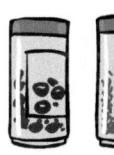

Przyprawy

توابل

Keczup

كتشاب

Musztarda

خردل

Majonez

مايونيز

Supermarket

سوبرماركت

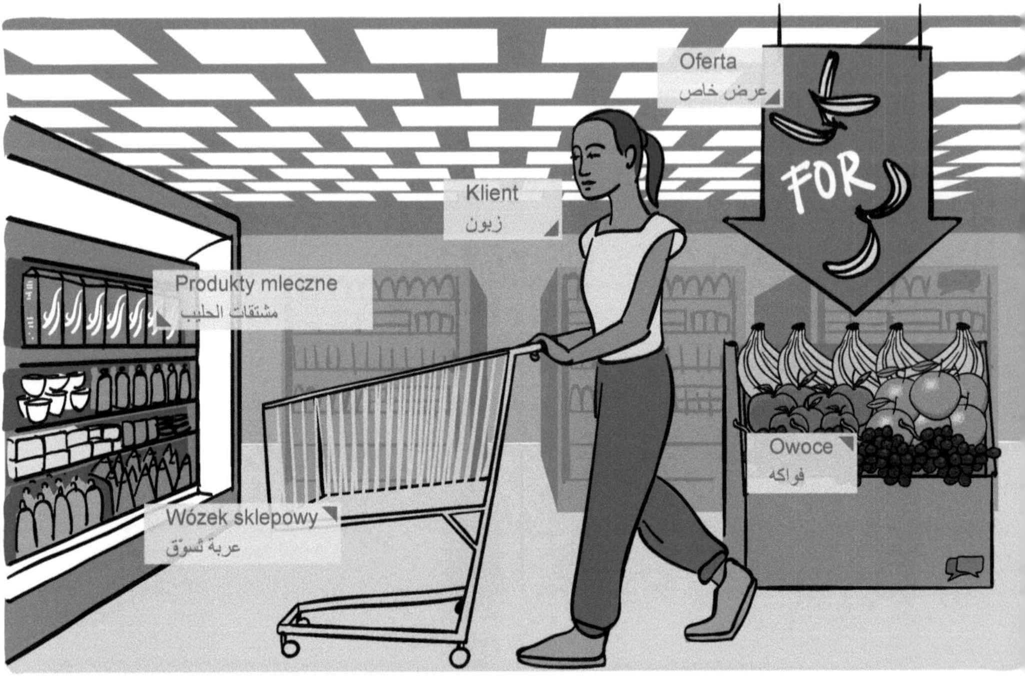

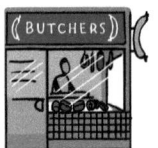

Oferta
عرض خاص
FOR
Klient
زبون
Produkty mleczne
مشتقات الحليب
Owoce
فواكه
Wózek sklepowy
عربة تسوّق

BUTCHERS

Rzeźnia

جزّار

BAKERY

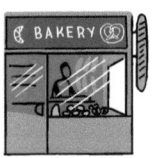

Piekarnia

مخبز

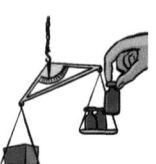

ważyć

يزن

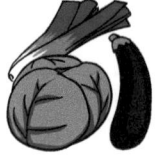

Warzywa

خضار

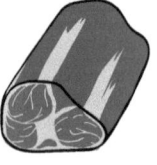

Mięso

لحم

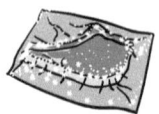

Mrożonki

المأكولات المجمّدة

Wędliny

مرتدلا أو جبن

Konserwy

معلبات

Proszek m do prania

مسحوق الغسيل

Słodycze

حلويات

Artykuły użytku domowego

المواد المنزلية

Środek czyszczący

منظفات

Sprzedawczyni

بائعة

Kasa

صندوق الحساب

Kasjer

أمين صندوق

Lista zakupów

قائمة المشتريات

Godziny otwarcia

أوقات العمل

Portfel

محفظة النقود

Karta kredytowa

بطاقة ائتمان

Torba

حقيبة

Torebka plastikowa

كيس بلاستيكي

Woda

ماء

Sok

عصير

Mleko

حليب

Cola

كولا

Wino

نبيذ

Piwo

بيرة

Alkohol

كحول

Kakao

كاكاو

Herbata

شاي

Kawa

قهوة

Espresso

قهوة إسبريسو

Cappuccino

كابوتّشينو

Banan

موزة

Jabłko

تفاح

Pomarańcza

برتقال

Arbuz

بطيخ

Cytryna

ليمون

Marchew

جزرة

Czosnek

ثوم

Bambus

خيزران

Cebula

بصل

Grzyb

فطر

Orzechy

لوزيات

Makaron

شعيرية

Spaghetti

سباغيتي

Ryż

أرزّ

Sałatka

سلطة

Frytki

بطاطا مقلية

Ziemniaki pieczone

بطاطا مقلية

Pizza

بيتزا

Hamburger

هامبورغر

Kanapka

ساندويش

Sznycel

شريحة لحم مقلية

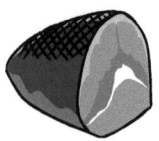

Szynka

لحم خنزير

Salami

سلامي

Kiełbasa

سجق

Kura

دجاج

Pieczeń

لحم محمر

Ryba

سمك

Płatki owsiane

دقيق الشوفان

Musli

موسلي

Płatki kukurydziane

كورن فلكس

Mąka

طحين

Croissant

كرواسان

Bułka

خبز صغير

Chleb

خبز

Toast

خبز محمص

Ciastka

بسكويت

Masło

زبدة

Twarożek

لبن زبادي

Ciasto

كعكة

Jajko

بيضة

Jajko sadzone

بيض مقلّي

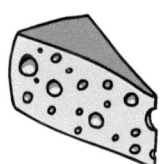

Ser

جبنة

Lody

مثلجات

Cukier

سكر

Miód

عسل

Marmolada

مربّى الفاكهة

Krem nugatowy

كريم النوغا

Curry

الكاري

Gospodarstwo chłopskie
مزرعة

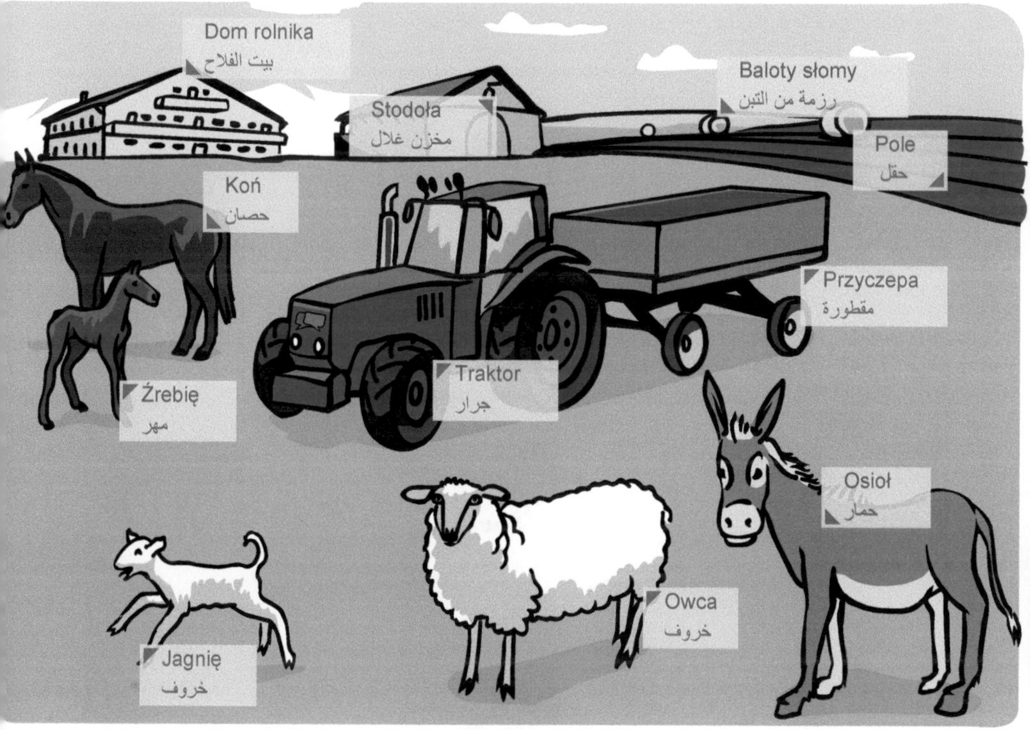

Dom rolnika
بيت الفلاح
Stodoła
مخزن غلال
Baloty słomy
رزمة من التبن
Pole
حقل
Koń
حصان
Przyczepa
مقطورة
Źrebię
مهر
Traktor
جرار
Osioł
حمار
Owca
خروف
Jagnię
خروف

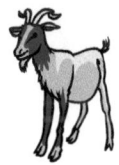

Koza
ماعز

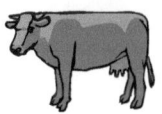

Krowa
بقرة

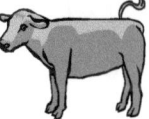

Cielę
عجل

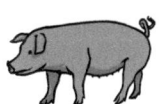

Świnia
خنزير

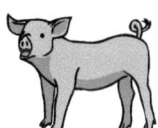

Prosię
خنزير صغير

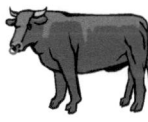

Byk
ثور

Gęś

اوزّة

Kaczka

بطة

Kurczątko

صوص

Kura

دجاجة

Kogut

ديك

Szczur

جرذ

Kot

قطة

Mysz

فأر

Osioł

ثور

Pies

كلب

Buda dla psa

كوخ الكلب

Wąż ogrodowy

خرطوم الحديقة

Konewka

إبريق

Kosa

منجل

Pług

المحراث

Sierp

منجل

Graca

معزقة

Widły

مذراة الزبل

Siekiera

بلطة

Taczka

عربة يد

Koryto

معلف

Kanka na mleko

صفيحة الحليب

Worek

كيس

Płot

سياج

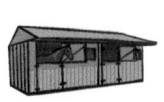

Stajnia

اصطبل

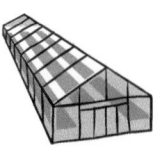

Szklarnia

دفيئة

Ziemia

تربة

Nasiona

بذور

Nawóz

سماد

Kombajn zbożowy

حصّادة درّاسة

zbierać

يحصد

Żniwa

محصول

Podchrzyn

بطاطا يامس

Pszenica

قمح

Soja

صويا

Ziemniak

بطاطا

Kukurydza

درة

Rzepak

سلجم

Drzewo owocowe

الشجرة فاكهها

Maniok

نبات منيهوت

Zboże

الحبوب

Dom

بيت

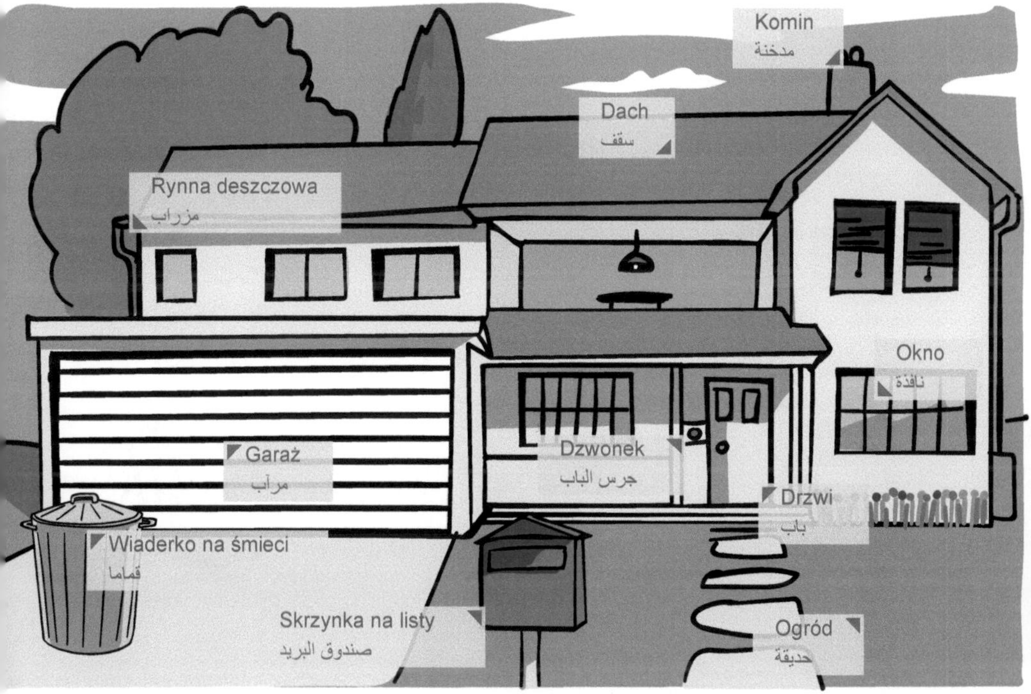
Komin
مدخنة
Dach
سقف
Rynna deszczowa
مزراب
Okno
نافذة
Garaż
مرآب
Dzwonek
جرس الباب
Drzwi
باب
Wiaderko na śmieci
قماما
Skrzynka na listy
صندوق البريد
Ogród
حديقة

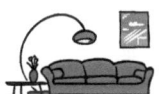

Pokój dzienny

غرفة جلوس

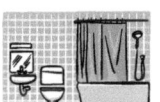

Łazienka

الحمّام

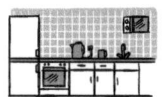

Kuchnia

مطبخ

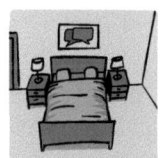

Sypialnia

غرفة النوم

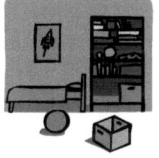

Pokój dziecięcy

غرفة الأطفال

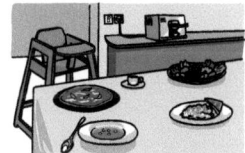

Jadalnia

غرفة الطعام

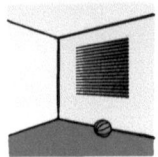

Ziemia

أرضية

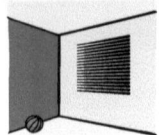

Ściana

حائط

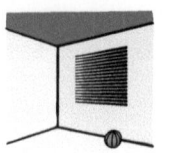

Koc

سقف

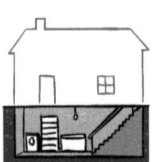

Piwnica

قبو

Sauna

ساونا

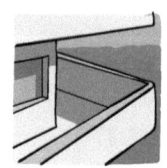

Balkon

بلكون

Taras

شرفة

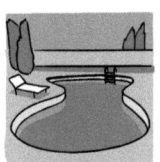

Basen

مسبح

Kosiarka do trawy

جزازة العشب

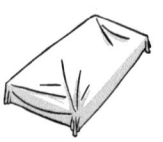

Poszwa

بياضات السرير

Kołdra

بطانية

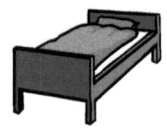

Łóżko

سرير

Miotła

مكنسة

Wiadro

سطل

Włącznik

مفتاح كهربائي

Pokój dzienny
غرفة جلوس

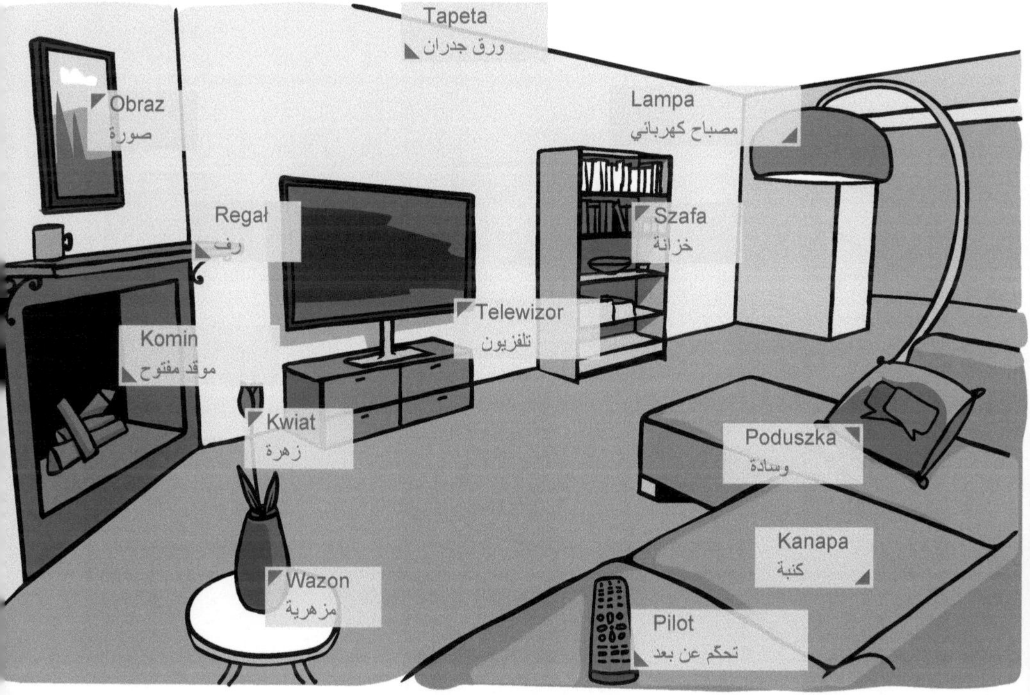
Tapeta
ورق جدران
Obraz
صورة
Lampa
مصباح كهربائي
Regał
رف
Szafa
خزانة
Telewizor
تلفزيون
Komin
موقد مفتوح
Kwiat
زهرة
Poduszka
وسادة
Kanapa
كنبة
Wazon
مزهرية
Pilot
تحكم عن بعد

Dywan

بصاط

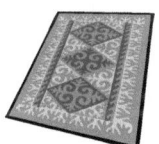

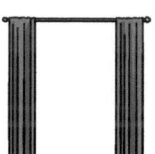

Zasłona

ستارة

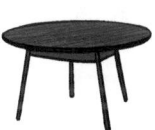

Stół

طاولة

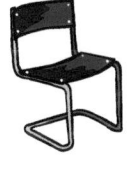

Krzesło

كرسي

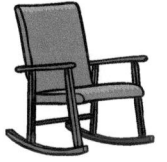

Bujak

كرسي هزّاز

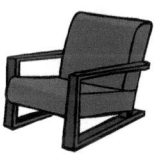

Fotel

كرسي ذو ذراعين

Książka

الكتاب

Sufit

بطانية

Dekoracja

زخرفة

Drewno kominkowe

الحطب

Film

فيلم

Instalacja stereo

تجهيزات ستيريو

Klucz

مفتاح

Gazeta

جريدة

Malunek

لوحة مرسومة

Plakat

مُلصق

Radio

راديو

Notatnik

دفتر ملاحظات

Odkurzacz

المكنسة الكهربائية

Kaktus

صبّار

Świeczka

شمعة

Kuchnia

مطبخ

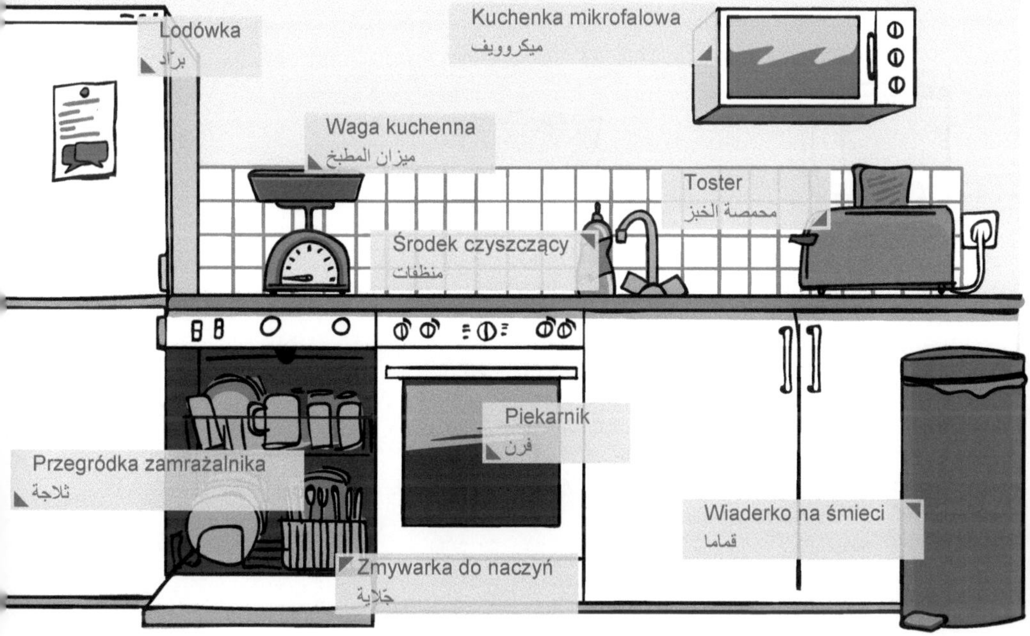

Lodówka
برّاد
Kuchenka mikrofalowa
ميكروويف
Waga kuchenna
ميزان المطبخ
Toster
محمصة الخبز
Środek czyszczący
منظفات
Piekarnik
فرن
Przegródka zamrażalnika
ثلاجة
Wiaderko na śmieci
قماما
Zmywarka do naczyń
جَلاية

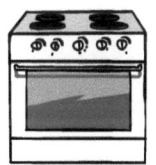

Kuchenka

موقد

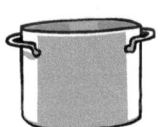

Garnek

قِدر

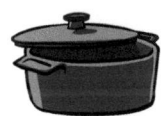

Kocioł żeliwny

وعاء من الحديد

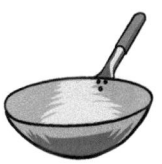

Wok / Kadai

قدر صيني

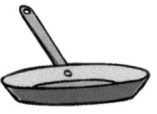

Patelnia

مقلاة

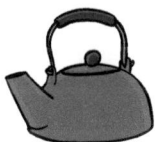

Czajnik

غلاية

Parowar

قدر البخار

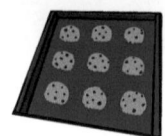

Blacha do pieczenia

صينية

Naczynia kuchenne

أواني

Kubek

فنجان

Miska

صحن

Pałeczki

عيدان الأكل

Nabierka

مغرفة

Łopatka do smażenia

ملعقة منبسطة

Trzepaczka do śmietany

خفاقة

Cedzak

مصفاة

Sitko

مصفاة

Tarka

مبشرة

Moździerz

هاون

Grillowanie

شواء

Palenisko

موقد

Deska

لوح التقطيع

Wałek do ciasta

نشابة

Korkociąg

مفتاح الزجاجات

Puszka

علبة

Otwieracz do puszek

مفتاح العلب المعدنية

Ściereczka do trzymania garnka

قماش الفرن

Umywalka

مجلى

Szczotka

فرشاة

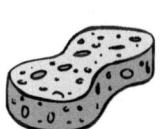

Gąbka

إسفنج

Mikser

خلاط

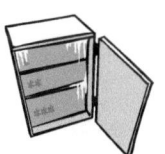

Zamrażarka

مجمّدة

Butelka dla niemowlęcia

زجاجة الطفل

Kran

صنبور الماء

Łazienka

الحمّام

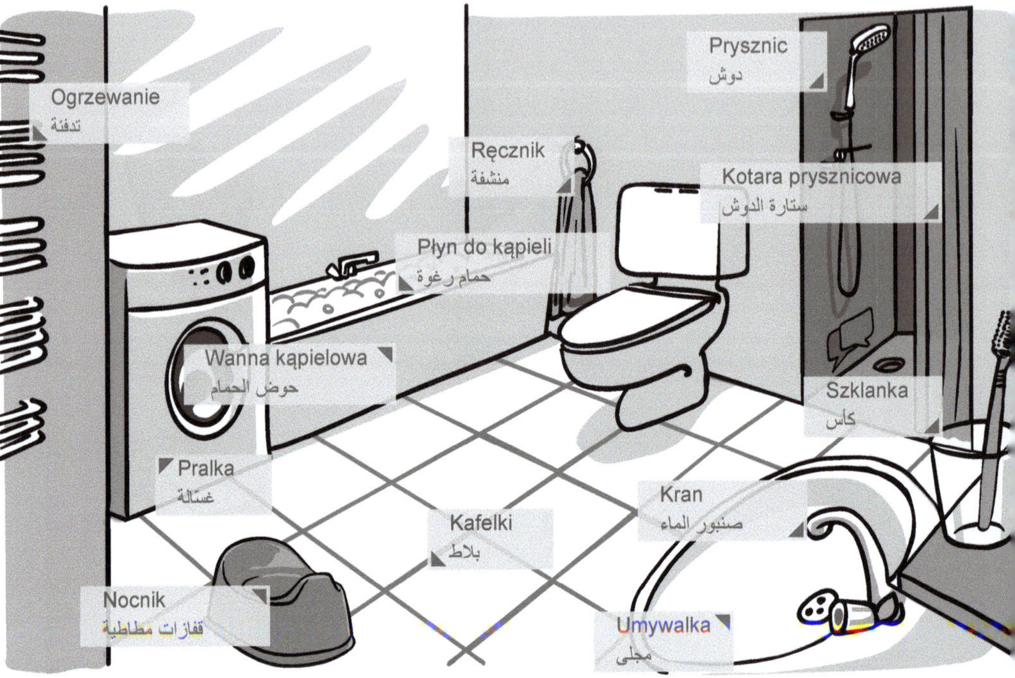

Ogrzewanie
تدفئة
Ręcznik
منشفة
Prysznic
دوش
Kotara prysznicowa
ستارة الدوش
Płyn do kąpieli
حمام رغوة
Wanna kąpielowa
حوض الحمام
Szklanka
كاس
Pralka
غسالة
Kran
صنبور الماء
Kafelki
بلاط
Nocnik
قفازات مطاطية
Umywalka
مجلى

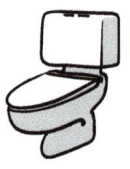

Toaleta

حمام

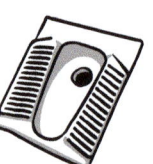

Toaleta kuczna

مرحاض القرفصاء

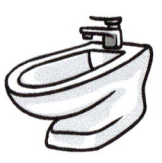

Bidet

حوض التشطيف

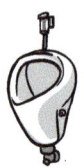

Pisuar

مبولة

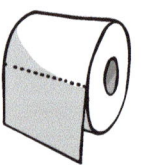

Papier toaletowy

ورق المرحاض

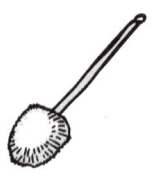

Szczotka toaletowa

فرشاة الحمام

Szczoteczka do zębów

فرشاة الأسنان

Pasta do zębów

معجون الأسنان

Nitki do czyszczenia zębów

خيط حرير لتنظيف الأسنان

myć

يغسل

Głowica prysznicowa

رشاش ماء يدوي

Płyn kąpielowy do higieny intymnej

شطاف

Miska do mycia

حوض الغسيل

Szczotka kąpielowa

فرشاة الظهر

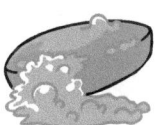

Mydło

صابون

Żel prysznicowy

جيل الدوش

Szampon

شامبو

Rękawica kąpielowa

ممسحة

Odpływ

مصرف للماء

Krem

مرهم

Dezodorant

مزيل الروائح

Lustro

مرآة

Lustro kosmetyczne

مرآة يد

Golarka

موس حلاقة

Pianka do golenia

رغوة الحلاقة

Woda po goleniu

كولونيا

Grzebień

مشط

Szczotka

فرشاة

Suszarka do włosów

سشوار

Spray do włosów

مثبّت للشعر

Makijaż

ماكياج

Pomadka

روج

Lakier do paznokci

طلاء أظافر

Wata

قطن

Nożyczki do paznokci

مقص أظافر

Perfum

عطر

Kosmetyczka

سلة الغسيل

Taboret

مقعد صغير

Waga

ميزان

Szlafrok kąpielowy

معطف الحمام

Rękawice gumowe

قفازات مطاطية

Tampon

سدادة قطنية

Podpaska damska

منشفة صحية

Toaleta chemiczna

تواليت كيميائية

Pokój dziecięcy

غرفة الأطفال

Budzik
منبّه
Pluszowa przytulanka
الحيوانات المحنطة
Samochodzik
سيارة لعبة
Grzechotka
خشخشة
Domek dla lalek
بيت الدمى
Prezent
هدية

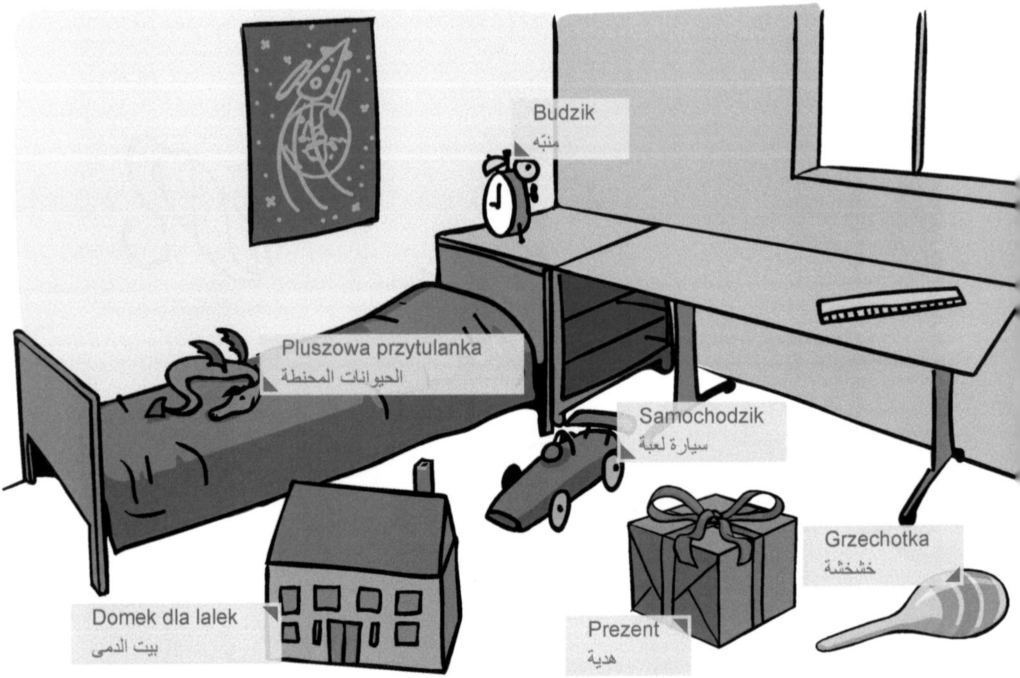

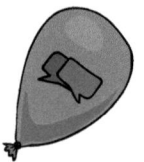

Balon

بالون

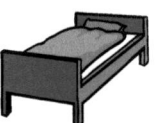

Łóżko

سرير

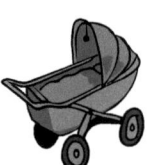

Wózek dziecięcy

عربة الأطفال

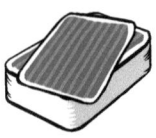

Gra w karty

لعبة الورق

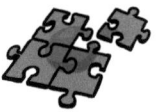

Puzzle

أحجية

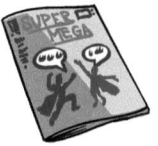

Komiks

رسوم هزلية

Klocki lego

أحجار الليغو

Klocki

حجارة تركيب

Action figura

دمية بطل

Śpioszek dziecięcy

لباس الطفل

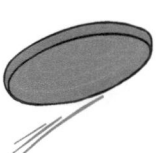

Frisbee

فريسبي

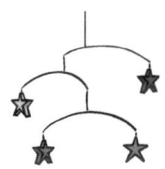

Zabawki ruchome

دمية معلقة

Gra planszowa

لعبة الطاولة

Kości

لعبة النرد

Kolejka elektryczna

لعبة قطار

Smoczek

مصّاصة

Przyjęcie

حفلة

Książka z ilustracjami

كتاب مصوّر

Piłka

كرة

Lalka

دمية

bawić się

يلعب

Piaskownica

ملعب رملي للأطفال

Huśtawka

أرجوحة

Zabawki

لعبة

Konsola do gier

ألعاب فيديو

Rowerek trójkołowy

دراجة ثلاثية

Pluszowy miś

دمية على شكل الدب

Szafa ubraniowa

خزانة الثياب

Ubiór

ثياب

Skarpety

جوارب قصيرة

Pończochy

جوارب طويلة

Rajstopy

جورب بنطلون

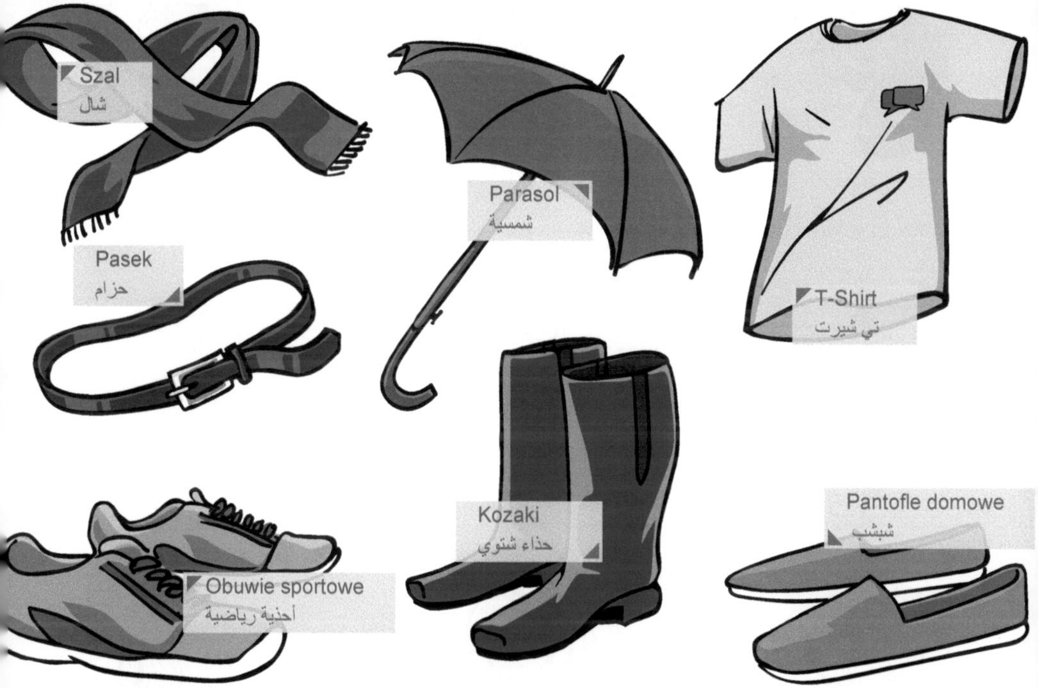

Szal
شال

Parasol
شمسية

Pasek
حزام

T-Shirt
تي شيرت

Obuwie sportowe
أحذية رياضية

Kozaki
حذاء شتوي

Pantofle domowe
شبشب

Sandały
صندل

Buty
حذاء

Kalosze
جزمة كاوتشوك

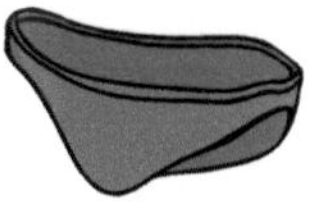

Majtki
سروال داخلي

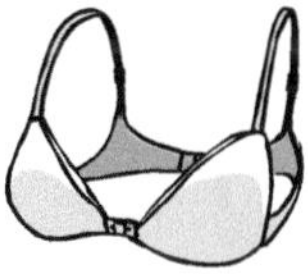

Biustonosz
صدّارة

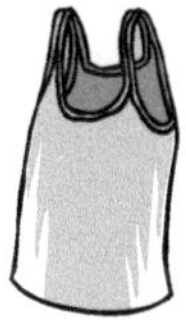

Podkoszulek
قميص داخلي

Body

لباس ملاصق للجسم

Spodnie

بنطلون

Dżins

جينز

Spódnica

تنورة

Bluzka

بلوزة

Koszula

قميص

Pulower

سترة قطنية

Bluza sportowa

كنزة كم طويل

Marynarka

سترة فضفاضة

Kurtka

سترة

Płaszcz

معطف

Płaszcz przeciwdeszczowy

معطف مطري

Kostium

زي – طقم نسائي

Sukienka

ثوب

Suknia ślubna

ثوب الزفاف

Garnitur męski

طقم

Koszula nocna

قميص نوم

Piżama

بيجاما

Sari

ساري

Chusta na głowę

حجاب

Turban

عمامة

Burka

برقع

Kaftan

قفطان

Abaya

عباءة

Strój kąpielowy

مايوه

Kąpielówki

سروال سباحة

Krótkie spodnie

شرت

Dres sportowy

بدلة رياضية

Fartuch

منزر

Rękawiczki

قفازات

Guzik

زر

Okulary

نظّارة

Bransoletka

إسوارة

Łańcuszek

عقد

Pierścionek

خاتم

Kolczyk

قرط

Czapka

طاقية

Wieszak

علّاقة ثياب

Kapelusz

قُبّعة

Krawat

ربطة العنق

Zamek błyskawiczny

سحّاب

Kask

خوذة

Szelki

حمّالة البنطلون

Mundurek szkolny

اللباس المدرسي

Mundur

زي موحّد

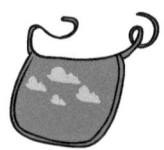

Śliniaczek

مريلة الأطفال

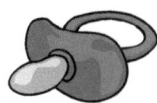

Smoczek

مصّاصة

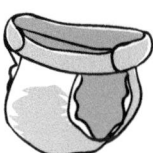

Pieluszka

لفافة

Biuro

مكتب

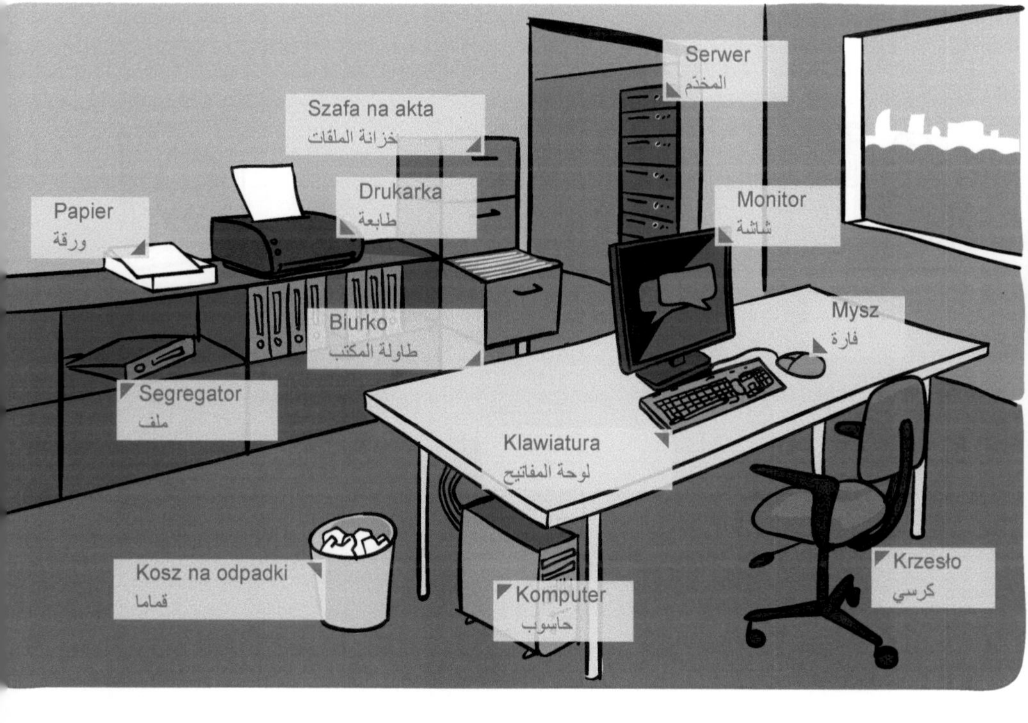
Serwer
المخدّم
Szafa na akta
خزانة الملفات
Drukarka
طابعة
Papier
ورقة
Monitor
شاشة
Mysz
فارة
Biurko
طاولة المكتب
Segregator
ملف
Klawiatura
لوحة المفاتيح
Kosz na odpadki
قمامة
Komputer
حاسوب
Krzesło
كرسي

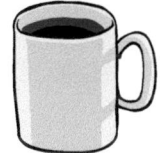

Filiżanka do kawy

كأس من القهوة

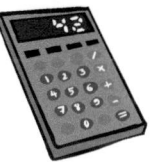

Kalkulator

الآلة الحاسبة

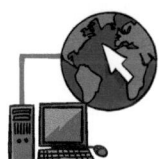

Internet

الإنترنت

Laptop

الحاسوب المحمول

List

رسالة

Wiadomość

خبر

Komórka

الهاتف المحمول

Sieć

شبكة

Kopiarka

جهاز تصوير

Oprogramowanie

البرمجيات

Telefon

هاتف

Gniazdko

مقبس كهربائي

Faks

فاكس

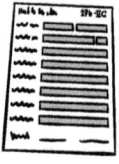

Formularz

استمارة

Dokument

وثيقة

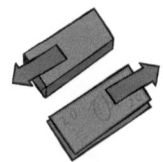

kupić
يَشتري

płacić
يدفع

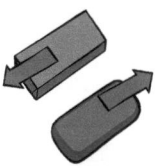

postępować
يتاجر

Pieniądze
مال

Dolar
دولار

Euro
يورو

Jen
ين

Rubel
روبل

Frank
فرنك سويسري

Juan Renminbi
يوان

Rupia
روبية

Bankomat
صرّاف آلي

Kantor wymiany walut

مكتب صرافة

Złoto

ذهب

Srebro

فضة

Olej

نفط

Energia

طاقة

Cena

سعر

Umowa

عقد

Podatek

ضريبة

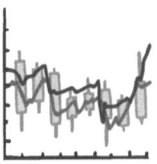

Akcja

سهم

pracować

يعمل

Pracownik umysłowy

موظف

Pracodawca

رب العمل

Fabryka

مصنع

Sklep

متجر

Zawody
المِهَن

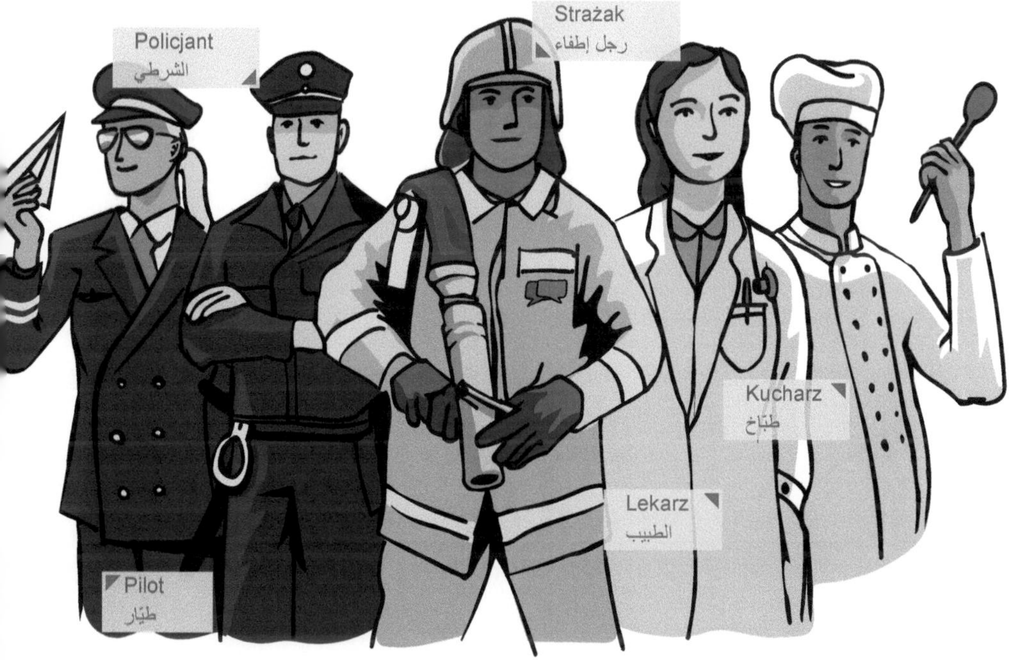
Policjant
الشرطي
Strażak
رجل إطفاء
Kucharz
طبّاخ
Lekarz
الطبيب
Pilot
طيّار

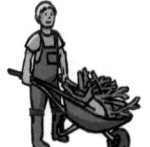

Ogrodnik
بستاني

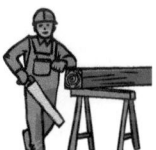

Stolarz
نجّار

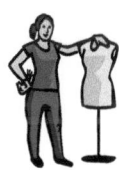

Krawcowa
خيّاطة

Sędzia
قاض

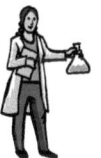

Chemik
كيميائي

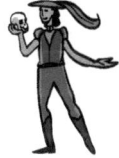

Aktor
ممثل

Kierowca autobusu

سائق حافلة

Taksówkarz

سائق تاكسي

Fischer

صياد سمك

Sprzątaczka

أجيرة للتنظيف

Dekarz

بناء سقف

Kelner

نادل

Myśliwy

صيّاد

Malarz

رستام

Piekarz

خبّاز

Elektryk

كهربائي

Robotnik budowlany

عامل بناء

Inżynier

مهندس

Rzeźnik

لحّام

Instalator

سمكري

Listonosz

ساعي البريد

Żołnierz

جندي

Architekt

مهندس معماري

Kasjer

أمين صندوق

Florysta

بائع الزهور

Fryzjer

حلاق

Konduktor

مراقب القطار

Mechanik

ميكانيكي

Kapitan

قبطان

Dentysta

طبيب أسنان

Naukowiec

رجل العلم

Rabin

حاخام

Imam

إمام

Mnich

راهب

Proboszcz

كاهن

Narzędzia

عدة عمل

Młotek
مطرقة
Szczypce
كمّاشة
Wkrętak
مفك البراغي
Klucz do śrub
مفتاح ربط
Latarka
مصباح يد

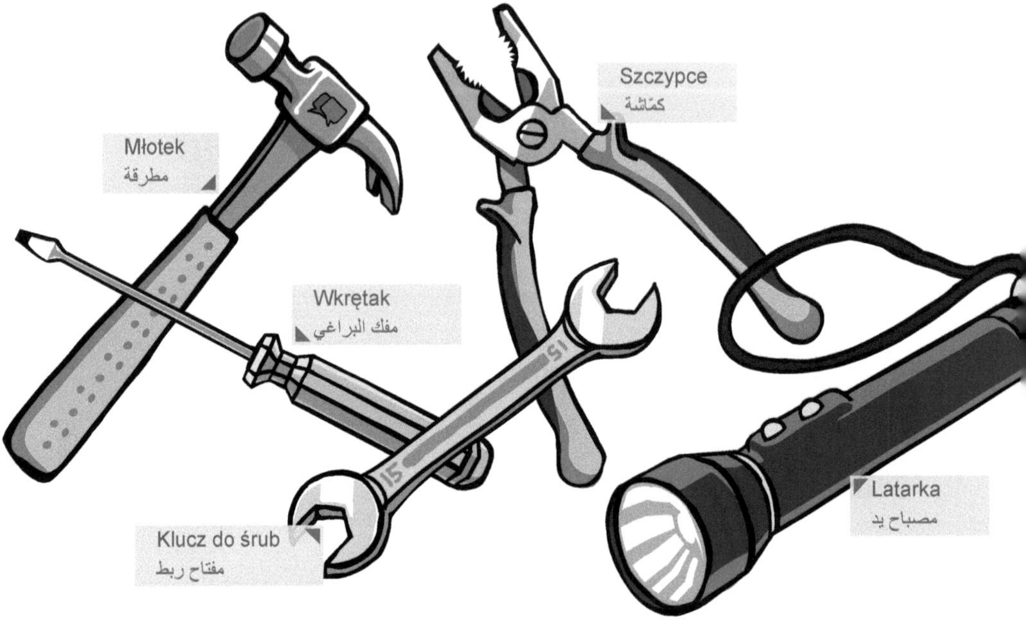

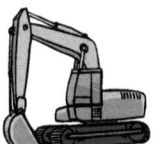

Koparka
جرافة

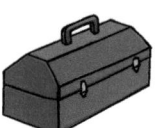

Skrzynka narzędziowa
صندوق العدة

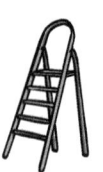

Drabina
سلّم

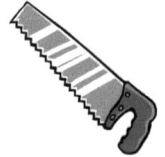

Piła
منشار

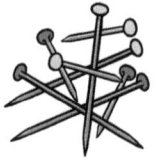

Gwoździe
مسامير

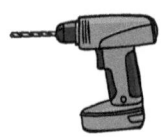

Wiertło
مثقب

naprawić

يصلح

Łopatka

مجرفة

Cholera!

اللعنة

Szufelka

لقاطة الكناسة

Puszka z farbą

سطل الألوان

Śruby

براغي

Instrumenty muzyczne
آلات موسيقية

Głośnik
مكبر الصوت

Perkusja
آلات الإيقاع

Kontrabas
كمان أجهر

Trąbka
بوق

Gitara
غيتار

Pianino

بيانو

Skrzypce

كمنجة

Bas

جهير

Kotły

طبل كبير

Bęben

طبل

Keyboard

بيانو كهرباني

Saksofon

ساكسوفون

Flet

ناي

Mikrofon

ميكروفون

Zoo
حديقة حيوانات

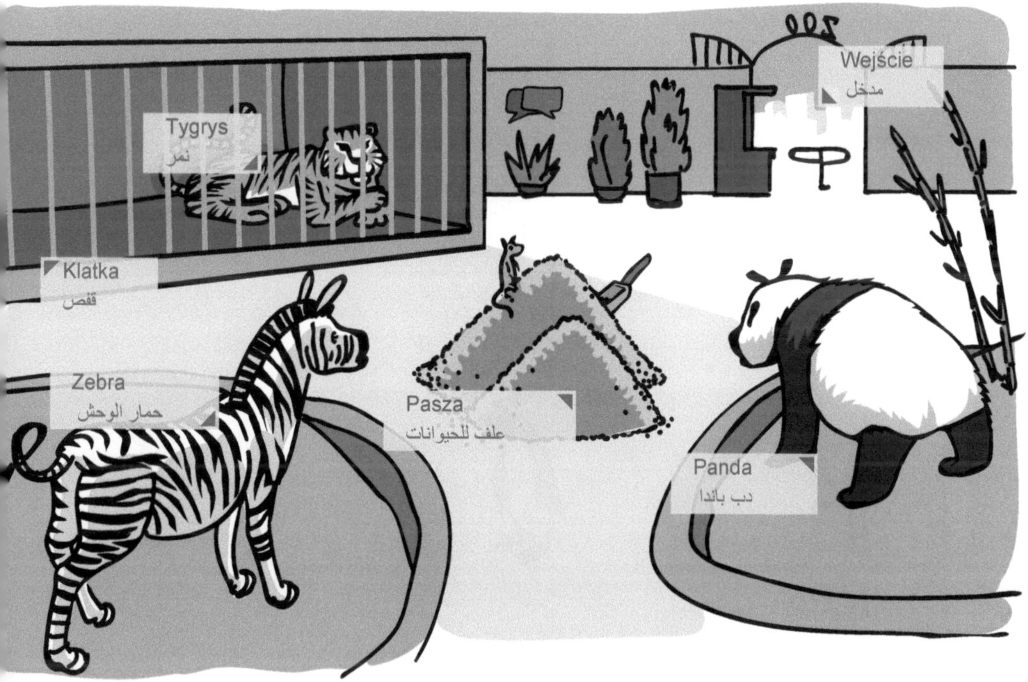
Wejście
مدخل
Tygrys
نمر
Klatka
قفص
Zebra
حمار الوحش
Pasza
علف للحيوانات
Panda
دب باندا

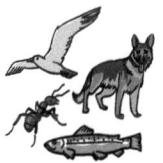

Zwierzęta

حيوانات

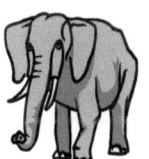

Słoń

فيل

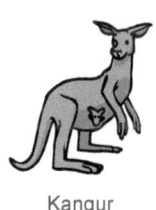

Kangur

كنغر

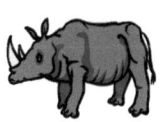

Nosorożec

وحيد القرن

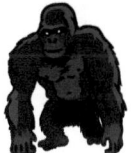

Goryl

غوريلا

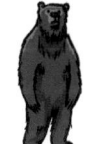

Niedźwiedź

دب

Wielbłąd

جمل

Struś

نعامة

Lew

أسد

Małpa

قرد

Fleming

طائر فلامينغو

Papuga

ببغاء

Niedźwiedź polarny

دب قطبي

Pingwin

بطريق

Rekin

سمك القرش

Paw

طاووس

Wąż

أفعى

Krokodyl

تمساح

Dozorca w zoo

حارس في حديقة الحيوان

Foka

عجل البحر

Jaguar

نمر أمريكي مرقط

Kucyk

فرس قزم

Gepard

نمر

Hipopotam

فرس النهر

Żyrafa

زرافة

Orzeł

نسر

Dzik

خنزير برّي

Ryba

سمك

Żółw

سلحفاة

Mors

حيوان فظ البحري

Lis

ثعلب

Gazela

غزال

Sport
رياضة

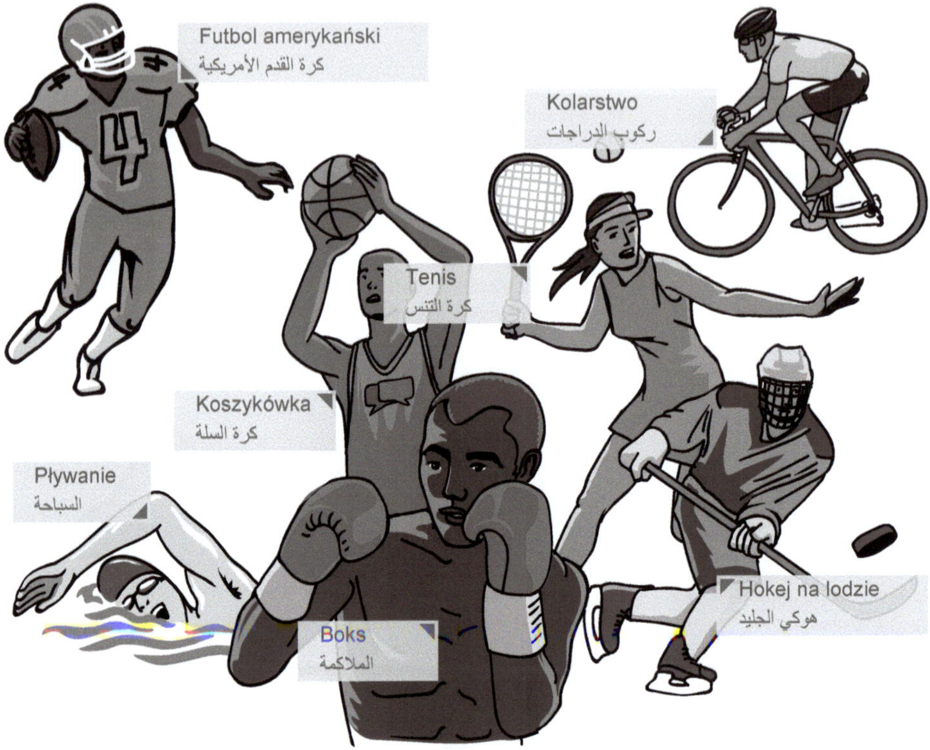
Futbol amerykański
كرة القدم الأمريكية
Kolarstwo
ركوب الدراجات
Tenis
كرة التنس
Koszykówka
كرة السلة
Pływanie
السباحة
Hokej na lodzie
هوكي الجليد
Boks
الملاكمة

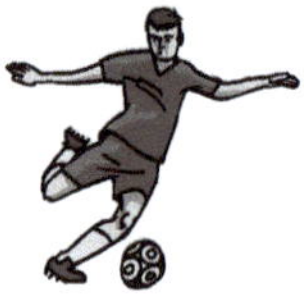

Piłka nożna

كرة القدم

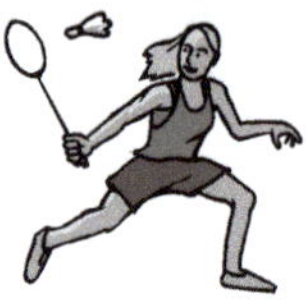

Badminton

الريشة الطائرة

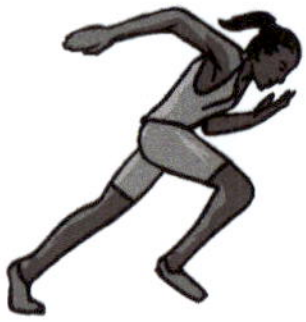

Lekka atletyka

ألعاب القوى الخفيفة

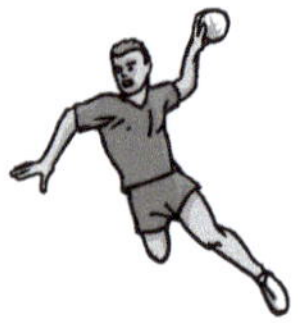

Piłka ręczna

كرة اليد

Narciarstwo

التزلج على الثلج

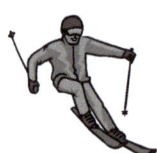

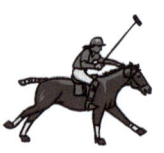

Polo

بولو

śmiać się
يضحك

skakać
يقفز

objąć
يعانق

iść
يمشي

śpiewać
يغني

marzyć
يحلم

modlić się
يصلي

całować
يقبل

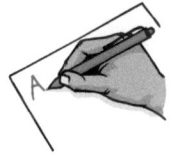

pisać
....
يكتب

rysować
....
يرسم

pokazywać
....
يُري

nacisnąć
....
يدفع

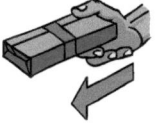

dać
....
يعطي

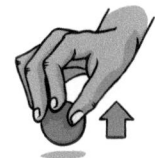

wziąć
....
يأخذ

mieć

يملك

robić

يعمل

być

يوجد

stać

يقف

biegać

يركض

ciągnąć

يسحب

rzucać

يرمي

spaść

يقع

leżeć

يستلقي

czekać

ينتظر

nosić

يحمل

siedzieć

يجلس

zakładać

يلبس

spać

ينام

budzić się

يستيقظ

spojrzeć

ينظر إلى ..

płakać

ييكي

głaskać

يمسّد

czesać się

يمشّط

mówić

يتكلم

rozumieć

يفهم

pytać

يسأل

słyszeć

يسمع

pić

يشرب

jeść

ياكل

sprzątać

يرتب

kochać

يحب

gotować

يطبخ

jechać

يقود

latać

يطيّر

żeglować

يبحر بزورق شراعي

liczyć

يحسب

czytać

يقرأ

uczyć się

يتعلم

pracować

يعمل

wejść w związek małżeński

يتزوج

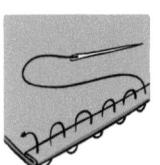

szyć

يخيط

myć zęby

ينظف أسنانه

zabić

يقتل

palić tytoń

يدخّن

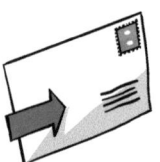

wysłać

يرسل

Rodzina
عائلة

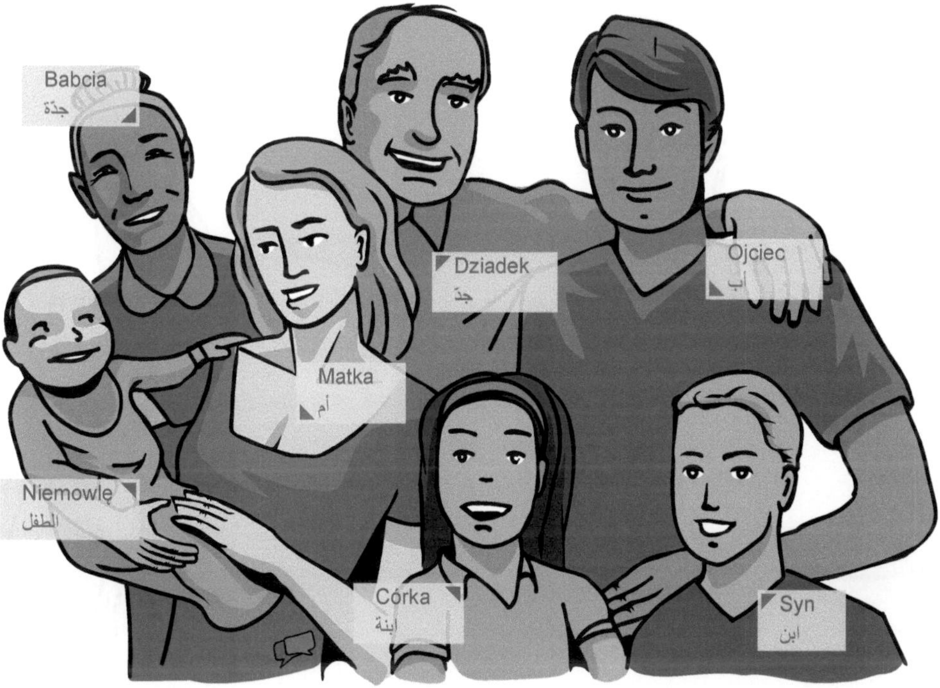
Babcia
جدّة
Dziadek
جدّ
Ojciec
أب
Matka
أم
Niemowlę
الطفل
Córka
ابنة
Syn
ابن

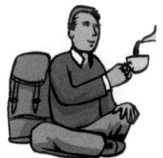

Gość

ضيف

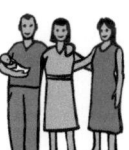

Ciotka

عمّة / خالة

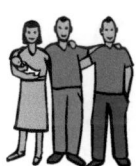

Wujek

عمّ / خال

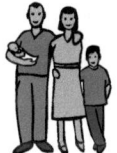

Brat

أخ

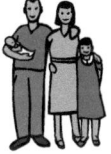

Siostra

أخت

Ciało

الجسم

Czoło
الجبين
Oko
العين
Ramię
الكتف
Palec
الإصبع
Twarz
الوجه
Broda
الذقن
Ręka
اليد
Noga
الساق
Pierś
الصدر
Ramię
الذراع

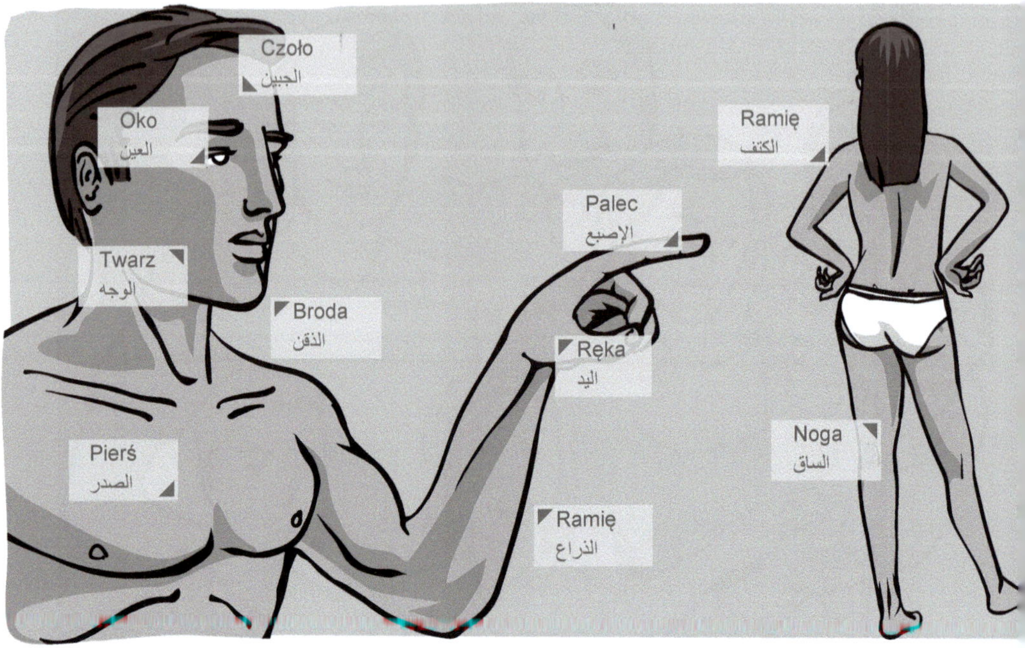

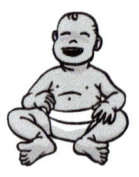

Niemowlę

الطفل

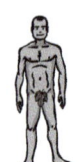

Mężczyzna

الرجل

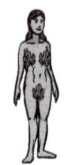

Kobieta

المرأة

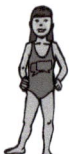

Dziewczyna

البنت

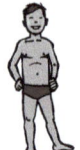

Chłopiec

الولد

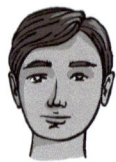

Głowa

الرأس

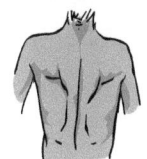

Plecy

الظهر

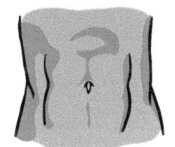

Brzuch

البطن

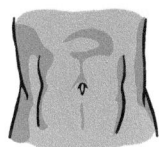

Pępek

السرّة

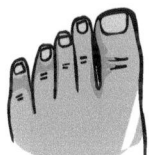

palec nogi

إصبع القدم

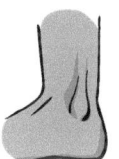

Pięta

الكعب

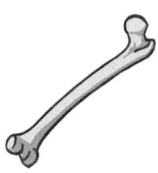

Kość

العظم

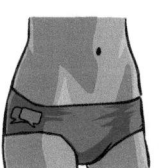

Biodro

الورك

Kolano

الركبة

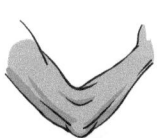

Łokieć

المرفق

Nos

الأنف

Pośladki

العَجُز

Skóra

البشرة

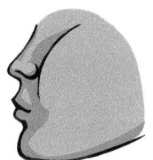

Policzek

الخد

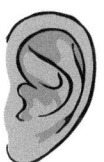

Uszy

الأذن

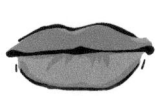

Warga

الشفة

Usta

الفم

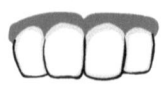

Ząb

السن

Język

اللسان

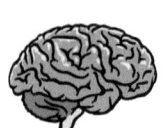

Mózg

الدماغ

Serce

القلب

Mięsień

العضلة

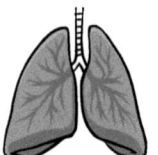

Płuca

الرئة

Wątroba

الكبد

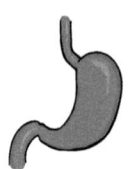

Żołądek

المعدة

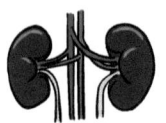

Nerki

الكلى

Stosunek płciowy

الاتصال الجنسي

Kondom

الواقي المطاطي

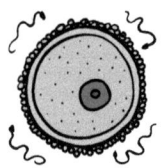

Komórka jajowa

البويضة

Sperma

المنيّ

Ciąża

الحمل

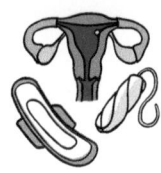

Menstruacja

الحيض

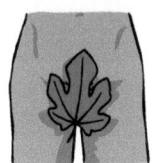

Wagina

المهبل

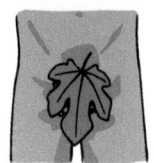

Penis

القضيب

Brew

الحاجب

Włosy

الشعر

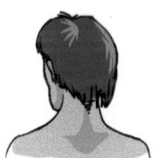

Szyja

الرقبة

Szpital
المستشفى

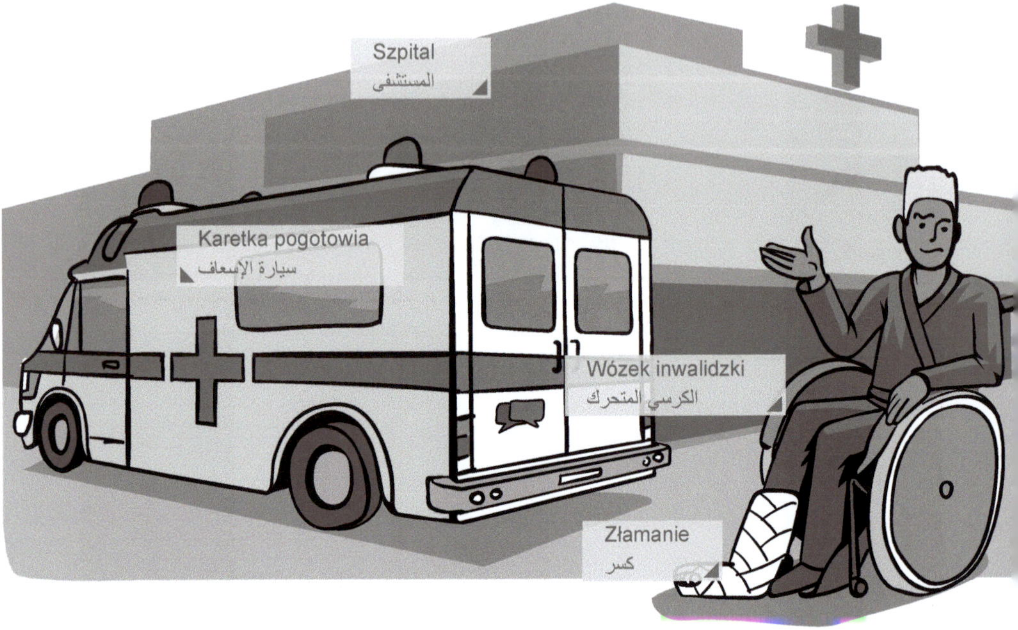

Szpital
المستشفى
Karetka pogotowia
سيارة الإسعاف
Wózek inwalidzki
الكرسي المتحرك
Złamanie
كسر

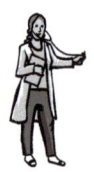

Lekarz

الطبيب

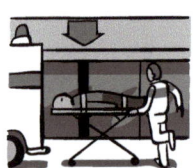

Izba przyjęć

غرفة الإسعاف

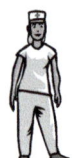

Pielęgniarka

الممرضة

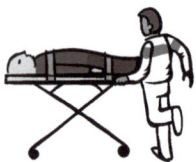

Nagły przypadek

حالة

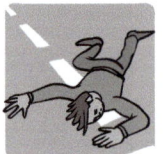

nieprzytomny

مغمى عليه

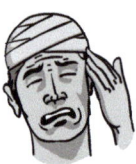

Ból

الألم

Skaleczenie

إصابة

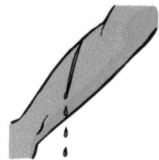

Krwawienie

النزيف

Zawał serca

احتشاء القلب

Udar mózgu

جلطة

Alergia

حسسية

Kaszleć

السعال

Gorączka

الحُمّى

Grypa

إنفلونزا

Biegunka

الإسهال

Ból głowy

وجع الرأس

Rak

السرطان

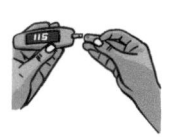

Cukrzyca

مرض السكر

Chirurg

جرّاح

Skalpel

مبضع

Operacja

عملية

CT

سيتي سكان

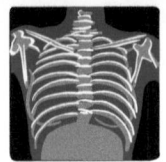

Rentgen

الأشعة السينية

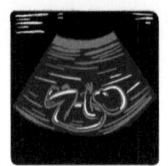

Ultradźwięki

فوق الصوتي

Maska

القناع

Choroba

المرض

Poczekalnia

غرفة الانتظار

Kula

العُكّاز

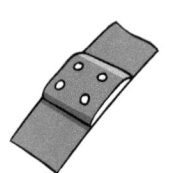

Plaster

شريط لاصق

Opatrunek

ضماد

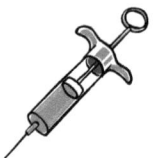

Iniekcja

حقنة

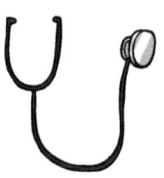

Stetoskop

سمّاعة الطبيب

Nosze

نقالة

Termometr

ميزان حرارة

Poród

ولادة

Nadwaga

وزن زائد

Aparat słuchowy

جهاز السمع

Środek dezynfekcyjny

المواد المعقمة

Infekcja

عدوى

Wirus

فيروس

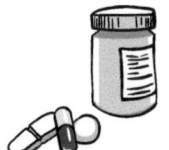

HIV / AIDS

الإيدز

Medycyna

الطب

Szczepienie

اللقاح

Tabletki

أقراص الدواء

Pigułka

حبّة الدواء

Telefon ratunkowy

نداء النجدة

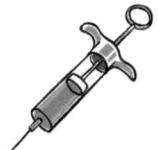

Ciśnieniomierz krwi

مقياس ضغط الدم

chory / zdrowy

مريض / صحيح

Pomocy!

النجدة!

Alarm

إنذار

Napad

اعتداء

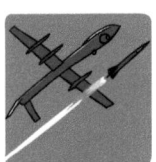

Atak

هجوم

Niebezpieczeństwo

خطر

Wyjście awaryjne

مخرج طوارئ

Pożar!

حريق!

Gaśnica

جهاز الإطفاء

Wypadek

حادث

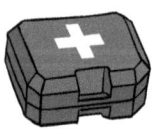

Walizeczka pierwszej pomocy

حقيبة الإسعاف الأولي

SOS

أنقذونا

Policja

الشرطة

Europa

أوروبا

Ameryka Północna

أمريكا الشمالية

Ameryka Południowa

أمريكا الجنوبية

Afryka

أفريقيا

Azja

آسيا

Australia

أستراليا

Atlantyk

المحيط الأطلسي

Pacyfik

المحيط الهادي

Ocean Indyjski

المحيط الهندي

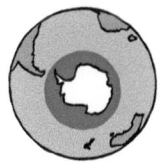

Ocean Antarktyczny

المحيط المتجمد الجنوبي

Ocean Arktyczny

المحيط المتجمد الشمالي

Biegun północny

القطب الشمالي

Biegun południowy

القطب الجنوبي

Antarktyda

منطقة القطب الجنوبي

Ziemia

أرض

Kraj

بر

Morze

بحر

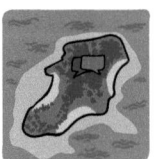

Wyspa

جزيرة

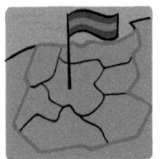

Naród

أمة

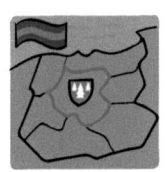

Państwo

دولة

Cyferblat

ميناء الساعة

Wskazówka godzinowa

عقرب الساعات

Wskazówka minutowa

عقرب الدقائق

Wskazówka sekundowa

عقرب الثواني

Która godzina?

كم الساعة الآن؟

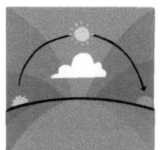

Dzień

يوم

Czas

زمن

teraz

الآن

Zegarek digitalny

ساعة رقمية

Minuta

دقيقة

Godzina

ساعة

Tydzień
أسبوع

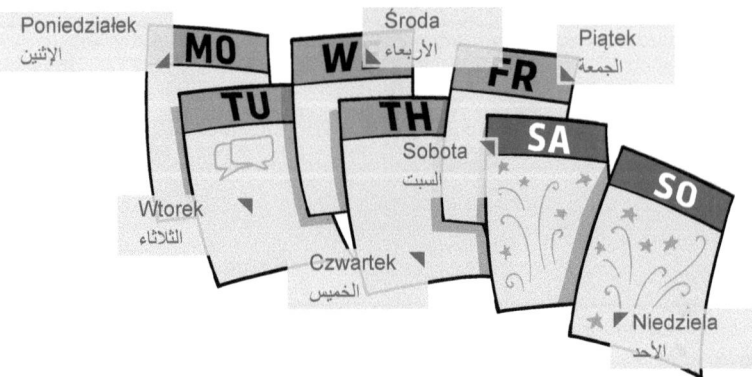

Poniedziałek
الإثنين

Środa
الأربعاء

Piątek
الجمعة

Wtorek
الثلاثاء

Sobota
السبت

Czwartek
الخميس

Niedziela
الأحد

wczoraj

الأمس

dzisiaj

اليوم

jutro

غداً

Rano

الصباح

Południe

الظهر

Wieczór

المساء

MO	TU	WE	TH	FR	SA	SU
1	2	3	4	5	6	7
8	9	10	11	12	13	14
15	16	17	18	19	20	21
22	23	24	25	26	27	28
29	30	31	1	2	3	4

Dni robocze

أيام العمل

MO	TU	WE	TH	FR	SA	SU
1	2	3	4	5	6	7
8	9	10	11	12	13	14
15	16	17	18	19	20	21
22	23	24	25	26	27	28
29	30	31	1	2	3	4

Weekend

نهاية الأسبوع

Deszcz
مطر

Tęcza
قوس قزح

Wiatr
ريح

Śnieg
ثلج

Wiosna
الربيع

Lato
الصيف

Jesień
الخريف

Zima
الشتاء

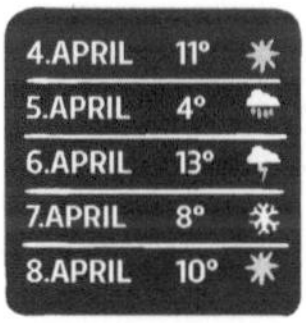

4.APRIL	11°	☀
5.APRIL	4°	⛅
6.APRIL	13°	⛅
7.APRIL	8°	☀
8.APRIL	10°	☀

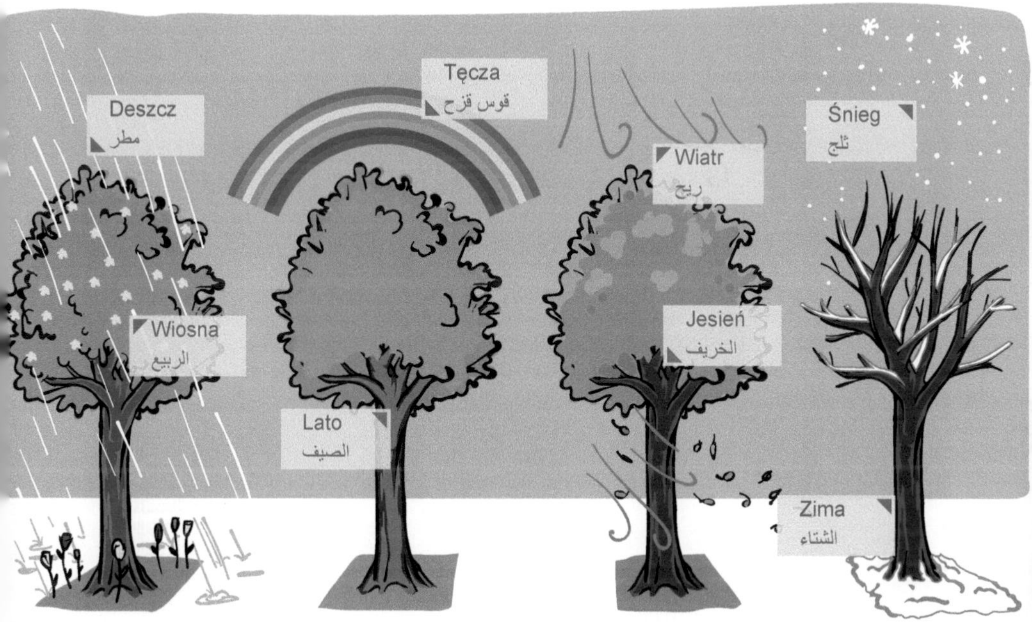

Prognoza pogody

التنبّؤ بالحالة الجوية

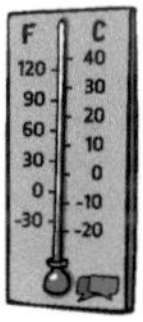

Termometr

مقياس حرارة

Światło słoneczne

ضوء الشمس

Chmura

سحابة

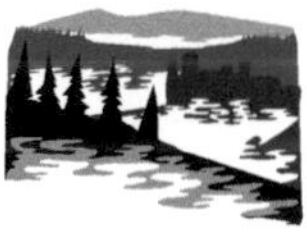

Mgła

ضباب

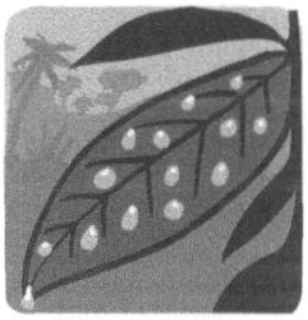

Wilgotność powietrza

رطوبة الجو

Błyskawica

برق

Grzmot

رعد

Sztorm

عاصفة

Grad

بَرَد

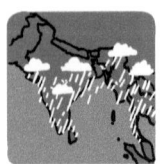

Monsun

ريح موسميّة

Potop

طوفان

Lód

جليد

Styczeń

كانون الثاني / يناير

Luty

شباط / فبراير

Marzec

آذار / مارس

Kwiecień

نيسان / أبريل

Maj

أيار / مايو

Czerwiec

حزيران / يونيو

Lipiec

تموز / يوليو

Sierpień

آب / أغسطس

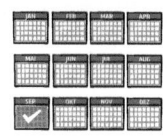

Wrzesień

أيلول / سبتمبر

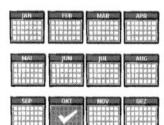

Październik

تشرين الأول / أكتوبر

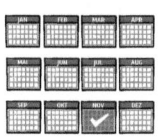

Listopad

تشرين الثاني / نوفمبر

Grudzień

كانون الأول / ديسمبر

Kształty

أشكال

Koło

دائرة

Kwadrat

مربّع

Prostokąt

مستطيل

Trójkąt

مثلّث

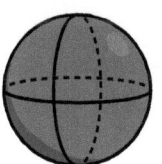

Kula

كرة

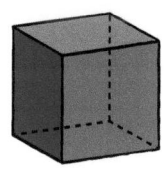

Sześcian

مكعب

biały

أبيض

żółty

أصفر

pomarańczowy

برتقالي

różowy

وردي

czerwony

أحمر

liliowy

بنفسجي

niebieski

أزرق

zielony

أخضر

brązowy

بنّي

szary

رمادي

czarny

أسود

dużo / mało

كثير / قليل

wściekły / spokojny

غضبان / هادئ

piękny / brzydki

جميل / قبيح

początek / koniec

بداية / نهاية

duży / mały

كبير / صغير

jasny / ciemny

فاتح / قاتم

brat / siostra

أخ / أخت

czysty / brudny

نظيف / وسخ

kompletny / niekompletny

كامل / ناقص

dzień / noc

نهار / ليل

umarły / żywy

ميت / حيّ

szeroki / wąski

عريض / ضيق

jadalny / niejadalny

صالح للأكل / غير صالح

zły / uprzejmy

شرّير / لطيف

podniecony / znudzony

مثير / ممل

gruby / chudy

سمين / نحيف

najpierw / na końcu

أولا / أخيرا

przyjaciel / wróg

صديق / عدو

pełen / pusty

مليء / فارغ

twardy / miękki

صلب / لين

ciężki / lekki

ثقيل / خفيف

głód / pragnienie

جوع / عطش

chory / zdrowy

مريض / صحيح

nielegalny / legalny

غير شرعي / شرعي

inteligentny / głupi

ذكي / غبي

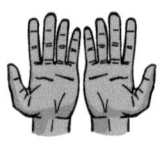

lewo / prawo

يسار / يمين

bliski / daleki

قريب / بعيد

nowy / używany

جديد / مستعمل

nic / coś

لا شيء / بعض الشيء

stary / młody

مسين / شاب

włącz / wyłącz

يشعل / يطفئ

otwarty / zamknięty

مفتوح / مغلق

cichy / głośny

خافت / عالٍ

bogaty / biedny

غني / فقير

prawidłowy / błędny

صح / خطأ

chropowaty / gładki

أحرش / أملس

smutny / szczęśliwy

حزين / سعيد

krótki / długi

قصير / طويل

powolny / szybki

بطيء / سريع

mokry/suchy

مبلول / جاف

ciepły / chłodny

ساخن / بارد

wojna / pokój

حرب / سلم

0

zero

صفر

1

jeden

واحد

2

dwa

اثنان

3

trzy

ثلاثة

4

cztery

أربعة

5

pięć

خمسة

6

sześć

ستة

7

siedem

سبعة

8

osiem

ثمانية

9

dziewięć

تسعة

10

dziesięć

عشرة

11

jedenaście

أحد عشر

12

dwanaście

اثنا عشر

13

trzynaście

ثلاثة عشر

14

czternaście

أربعة عشر

15

piętnaście

خمسة عشر

16

szesnaście

ستة عشر

17

siedemnaście

سبعة عشر

18

osiemnaście

ثمانية عشر

19

dziewiętnaście

تسعة عشر

20

dwadzieścia

عشرون

100

sto

مائة

1.000

tysiąc

ألف

1.000.000

milion

مليون

Angielski

الإنكليزية

Angielski amerykański

الإنكليزية الأمريكية

Chiński mandaryński

لغة ماندارين الصينية

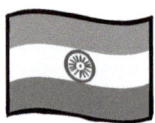

Hindi

الهندية

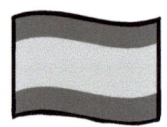

Hiszpański

الإسبانية

Francuski

الفرنسية

Arabski

العربية

Rosyjski

الروسية

Portugalski

البرتغالية

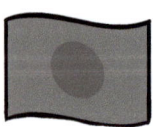

Bengalski

البنغالية

Niemiecki

الألمانية

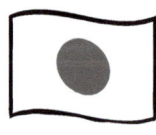

Japoński

اليابانية

ja

أنا

ty

أنت

on / ona / ono

هو / هي

my

نحن

wy

أنتم

oni

هم

kto?

من؟

co?

ماذا؟

jak?

كيف؟

gdzie?

أين؟

kiedy?

متى؟

Nazwisko

اسم

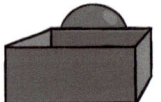

za

خلف

w

في

przed

أمام

powyżej

فوق

na

على

pod

تحت

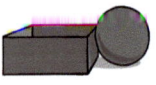

obok

جنب

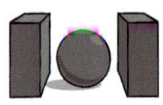

między

بين

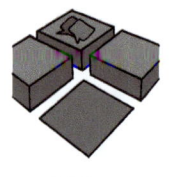

Miejsce

مكان